Planung eines Beweglichkeits- und Koordinationstrainings

Dennis Minda

GRIN ☺

Bibliografische Information der Deutschen Nationalbibliothek:

Die Deutsche Nationalbibliothek verzeichnet diese Publikation in der Deutschen Nationalbibliografie; detaillierte bibliografische Daten sind im Internet über http://dnb.d-nb.de abrufbar.

ISBN: 9783346255969
Dieses Buch ist auch als E-Book erhältlich.

© GRIN Publishing GmbH
Nymphenburger Straße 86
80636 München

Druck und Bindung: Books on Demand GmbH, Norderstedt Germany
Gedruckt auf säurefreiem Papier aus verantwortungsvollen Quellen

Das vorliegende Werk wurde sorgfältig erarbeitet. Dennoch übernehmen Autoren und Verlag für die Richtigkeit von Angaben, Hinweisen, Links und Ratschlägen sowie eventuelle Druckfehler keine Haftung.

Das Buch bei GRIN: https://www.grin.com/document/930139

Deutsche Hochschule für
Prävention und Gesundheitsmanagement
Hermann Neuberger Sportschule 3
66123 Saarbrücken

Einsendeaufgabe

Fachmodul: Trainingslehre III

Studiengang: Bachelor of Arts Fitnessökonomie

Datum
Präsenzphase:

Matrikelnummer:

Name, Vorname: Minda, Dennis

Studienort: **Saarbrücken**

Semester: **Wintersemester 2016**

Inhaltsverzeichnis

1 Personendaten

Tabelle 1: Allgemeine und biometrische Daten

Alter	25 Jahre
Geschlecht	männlich
Körpergröße	182 cm
Körpergewicht	85 kg
Trainingsmotive	Linderung der Schmerzen im LWS-Bereich und besseres Wohlbefinden
Berufliche Tätigkeit	Büroangestellter
Aktuelle sportliche Aktivität	Seit 4 Jahren keine
Frühere sportliche Aktivität	1-2mal pro Woche Fußballtraining (je 60 Minuten) in einer Hobbymannschaft
Zeitlicher Verfügungsrahmen	2-3mal pro Woche (je 60 Minuten)
Orthopädische/ internistische Probleme	Beschwerden im LWS-Bereich
Blutdruck	126/83 mmHg (Normalwert) Optimalwerte: <120/<80 mmHg Normalwerte: 120-129/80-84 mmHg
Ruhepuls	64 S/min (Normalwert) Normalwerte: 60-80 S/min
BMI	25,7 kg/m² (Übergewicht) Normalwerte: 18,5-24,9 kg/m²
Körperfettanteil (KFA)	18% (Normalwert) Normalwerte: 8-20%
Ärztliche Behandlung	keine
Medikamenteneinnahme	keine

Tabelle 2: Blutdruckklassifikation der American Heart Association (modifiziert nach Mancia et al., 2013, S. 1286)

Bewertungsstufen	systolischer Blutdruck	diastolischer Blutdruck
	Normblutdruck (Normotonie)	
optimal	unter 120 mmHg	unter 80 mmHg
normal	unter 130 mmHg	unter 85 mmHg
hochnormal	130-139 mmHg	85-89 mmHg
	Bluthochdruck (arterielle Hypertonie)	
Stufe 1	140-159 mmHg	90-99 mmHg
Stufe 2	160-179 mmHg	10-109 mmHg
Stufe 3	>180 mmHg	> 110 mmHg

Tabelle 3: Beurteilung des Body-Mass-Indexes für Erwachsene (World Health Organization, 2000)

Klasse	BMI (kg/m²)
Untergewicht	<18,5
Normalgewicht	18,5-24,9
Übergewicht	25-29,9
Adipositas Grad I	30-34,9
Adipositas Grad II	35-39,9
Adipositas Grad III	>40

Tabelle 4: Klassifikation des Körperfettanteils (KFA) für Männer bis 79 Jahre (Gallagher et al., 2000)

Alter	KFA Männer			
(Jahre)	niedrig	normal	hoch	sehr hoch
20-39	< 8%	8-20%	20-25%	ab 25%
40-59	< 11%	11-22%	22-28%	ab 28%
60-79	< 13%	13-25%	25-30%	ab 30%

Die Person hat bis auf die Beschwerden im Bereich der Lendenwirbelsäule keine Einschränkungen, sowie gesundheitliche Probleme. Aus diesem Grund ist die Person voll belastbar und trainierbar.

2 Beweglichkeitstestung

Tabelle 5: Beweglichkeitstestung (modifiziert nach Janda, 2000)

Testübung	Ausführung	Bewertung	Ergebnis
M. pectoralis major	- Proband in Rückenlage auf Liege (Beine angewinkelt und Füße haben Kontakt zur Auflagefläche) - Tester fixiert Thorax mit leichtem Zug in der Diagonale der testenden Seite - Der zu testende Arm ist im Schultergelenk abduziert und außenrotiert, Ellbogengelenk ist im Winkel von 90° gebeugt - Messbereich: Position des Oberarmes zur Horizontalen	Stufe 0= Oberarm erreicht Horizontale Stufe 1= Oberarm erreicht Horizontale durch Druck des Testers Stufe 2= Oberarm erreicht Horizontale auch durch Druck des Testers nicht	rechts= 1 links= 1
M. iliopsoas	- Proband in Rückenlage auf Liege (Gesäß schließt mit Rand der Liege ab, Beine sind im Überhang) - Proband zieht ein angewinkeltes Bein maximal zum Körper heran, das andere Bein ist im Überhang - Hüftflexion wird beobachtet - Messbereich: Position des Oberschenkels im Vergleich zur Körperlängsachse (Hüftbeugewinkel)	Stufe 0= Oberschenkel erreicht Horizontale Stufe 1= Oberschenkel erreicht Horizontale durch Druck des Testers Stufe 2= Oberschenkel erreicht Horizontale auch durch Druck des Testers nicht	rechts= 0 links= 0
M. rectus femoris	- Proband in Rückenlage auf Liege (Gesäß schließt mit Rand der Liege ab, Beine sind im Überhang)	Stufe 0= Unterschenkel hängt senkrecht herab Stufe 1= Unterschenkel erreicht 90° im	rechts= 0 links= 0

	- Proband zieht ein angewinkeltes Bein maximal zum Körper heran, das andere Bein wird vom Tester im maximalen Hüftextensionswinkel fixiert - Das Bein in der Hüftextension wird in den maximalen Kniebeugewinkel gebracht - Messbereich: Winkel zwischen Ober- und Unterschenkel (Kniebeugewinkel)	Kniegelenk durch Druck des Testers Stufe 2= Unterschenkel erreicht 90° im Kniegelenk auch durch Druck des Testers nicht	
Mm. ischiocrurales	- Proband in Rückenlage auf Liege (nicht getestetes Bein im Hüft- und Kniegelenk gebeugt) - Das zu testende Bein wird vom Tester bei gestrecktem Kniegelenk in maximale Hüftflexion gebracht - Messbereich: Winkel zwischen Beinachse und Longitudinalachse (Hüftbeugewinkel)	Stufe 0= Hüftflexion im Ausmaß von 90° möglich Stufe 1= Hüftflexion im Ausmaß zwischen 80-90° möglich Stufe 2= Hüftflexion nur unter 80° möglich	rechts= 1 links= 1
Mm. triceps surae	- Proband in Rückenlage auf Liege (nicht getestetes Bein steht gebeugt mit Fuß auf Unterlage, zu testendes Bein ist gestreckt) - ditales Ende des Unterschenkels ragt über das Ende der Liege hinaus - Tester greift mit einer Hand distal am Fersenbein, mit der anderen Hand den Fuß von der Fußaußenkante - Tester übt Zug auf Ferse aus und zieht	Stufe 0= Dorsalextension bis 0° möglich Stufe 1= Dorsalextension möglich; 0° wird nicht ganz erreicht Stufe 2= Dorsalextension nur bis 10° unter 0°-Stellung möglich	rechts= 0 links= 0

| | distalwärts, der Dau-
men der anderen Hand
lenkt Vorfuß mit leich-
tem Druck zum Schien-
bein
- nach Erreichen der
maximalen Dorsalex-
tension wird das Knie-
gelenk gebeugt das Be-
wegungsausmaß ver-
größert (M. soleus iso-
liert)
- Testauswertung wird
nach M. gastrocnemius
und M. soleus differen-
ziert | | |

Die Testperson hat Beweglichkeitsdefizite der ischiocruralen Muskelgruppe, sowie der Brustmuskulatur.

3 Trainingsplanung Beweglichkeitstraining

Tabelle 6: Trainingsplanung Beweglichkeitstraining (Dehntraining)

Übung (Dehnmethode)	Übungsausführung	Anvisierte Muskulatur
Nackenmuskulatur (aktiv& statisch)	-Person steht und der Kopf wird zur Seite geneigt (Blick bleibt dabei nach vorne gerichtet) -die gegenüberliegende Schulter wird aktiv nach unten gezogen -diese Position wird gehalten, danach wird die andere Seite gedehnt	-M. trapezius pars descendens
Brustmuskulatur (passiv& postisometrisch)	-Person steht seitlich neben einer Wand und winkelt das Ellbogengelenk im 90° Winkel an, das Schultergelenk ist nach außen rotiert und abduziert -die Person drückt nun das Ellbogengelenk gegen die Wand und rotiert mit dem Körper weg vom Ellbogengelenk, diese Dehnung in der Brustmuskulatur wird einige Sekunden gehalten (6-10Sek.) und danach kurz entspannt (2-3Sek.) -nach der kurzen Entspannung wird die Dehnung nun 10-20 Sekunden statisch gehalten, danach wird die andere Seite gedehnt	-M. pectoralis major -M. deltoideus pars clavicularis
Hintere Schulter (passiv& statisch)	-Person steht und fixiert einen Arm mit gebeugtem Ellbogengelenk vor dem Körper auf Schulterhöhe, die Hand liegt über der Schulter auf der anderen Seite -die freie Hand übt Druck auf das angewinkelte Ellbogengelenk aus und der angewinkelte Arm wird somit zum Körper geschoben -diese Position wird gehalten, danach wird die andere Seite gedehnt	-M. deltoideus pars spinata -M. trapezius pars transversa -Mm. rhomboidei

Armstrecker (passiv& statisch)	-Person steht und fixiert einen Arm mit maximal gebeugtem Ellbogengelenk neben dem Kopf, die Hand liegt zwischen den Schulterblättern auf -die andere Hand zieht den gebeugten Arm am Ellbogen zur Körpermitte hin, der Blick bleibt nach vorne gerichtet -diese Position wird gehalten, danach wird die andere Seite gedehnt	-M. triceps brachii
Seitlicher Rumpf (aktiv& dynamisch)	-Person steht in leichter Seitengrätsche, die Arme werden maximal vom Körper abgespreizt und verschränkt über den Kopf geführt, der Brustkorb bleibt aufgerichtet -Oberkörper wird bei gerader Beckenachse zur Seite geneigt, der zur Beugeseite gegenüberliegende Arm wird nach oben gezogen -danach bewegt sich der Oberkörper wieder in Richtung der Mittellinie zurück der Zug am Arm wird bisschen gelockert, kurz darauf wird die Dehnung wieder verstärkt indem der Oberkörper sich wieder zur Seite bewegt und der Zug wieder verstärkt wird -am Ende bewegt sich der Oberkörper zur Mitte und die Arme werden gelockert und abgesenkt, danach wird die andere Seite gedehnt	-M. latissimus dorsi -M. obliquus externus abdominis -M. obliquus internus abdominis
Beinstrecker (passiv& statisch)	- Person steht auf einem Bein und nimmt mit der gegenüberliegenden Hand das gleichseitig, gebeugte Bein am Unterschenkel (knapp über Sprunggelenk), sodass die Ferse am Gesäß anliegt -das Becken wird gekippt und die Ferse maximal zum Gesäß	-M. quadriceps femoris

	gezogen, beide Oberschenkel bleiben parallel zueinander, während das gebeugte Knie vertikal nach unten zeigt und das Standbein leicht gebeugt bleibt -diese Position wird gehalten und danach werden die Seiten gewechselt	
Wadenmuskulatur (aktiv& statisch)	-die Person steht im Ausfallschritt, dabei ist die hintere Ferse komplett auf dem Boden und das vordere Kniegelenk ist leicht gebeugt, der Oberkörper ist leicht nach vorne gebeugt, sodass Oberkörper und der hintere Oberschenkel eine Linie ergeben und währenddessen zeigen beide Fußspitzen nach vorne -das vordere Bein wird gebeugt, sodass der Körperschwerpunkt nach vorne die Dorsalextension im hinteren Oberschenkel vergrößert -die Position wird gehalten und danach werden die Seiten gewechselt	-M. gastrocnemius -M. soleus
Hüftbeuger (aktiv& dynamisch)	-Person ist im Kniestand, ein Bein wird vor dem Körper mit dem ganzen Fuß aufgestellt, sodass das Knie gebeugt ist und der Fuß vor dem Knie ist, der hintere Oberschenkel liegt mit Knie und Unterschenkel auf dem Boden und der Oberkörper wird mit den Händen auf dem vorderen Bein abgestützt -der Körperschwerpunkt wird nach vorne unten verlagert und das Becken wird abgesenkt, der Oberkörper bleibt aufrecht -der Körperschwerpunkt wird abwechselnd nach oben hinten und vorne unten bewegt -am Ende bewegt sich der Körperschwerpunkt wieder zur Ausgangsposition und das vordere	-M. iliopsoas -M. rectus femoris

	Bein kommt auch zurück zum Kniestand, danach werden die Seiten getauscht	
Rückenstrecker „Cat/Cow" (aktiv& dynamisch)	-Person ist im Vierfüßlerstand -die Bauchmuskulatur wird aktiv angespannt und die Wirbelsäule maximal nach oben gewölbt, daraufhin wird die Bauchmuskulatur gelockert und die Wirbelsäule nach unten hingestreckt, dies wird immer wieder im Wechsel ausgeführt -am Ende wird die Bauchmuskulatur gelockert und die Wirbelsäule begibt sich in eine neutrale Position	-Mm. erector spinae
Hinterer Oberschenkel (passiv& statisch)	-Person liegt auf dem Rücken, ein Bein wird angewinkelt und liegt mit dem Fuß auf dem Boden auf, das andere Bein wird mit beiden Händen an der Ober/Unterschenkelrückseite genommen und zum Körper gezogen -das Bein wird aktiv soweit wie möglich gestreckt -diese Position wird gehalten und danach werden die Seiten gewechselt	-M. biceps femoris -M. semimembranosus -M. semitendinosus
Gesäßmuskulatur (passiv& statisch)	-Person ist in Rückenlage, ein Bein wird mit gebeugtem Knie auf den Boden gestellt, das andere wird in der Hüfte nach außen rotiert und mit dem Unterschenkel an der Oberschenkelvorderseite des Stützbeins platziert -das Stützbein wird mit beiden Händen an der Oberschenkelrückseite gegriffen und zum Körper gezogen, der Unterschenkel des Stützbeins hängt locker nach unten -diese Position wird gehalten und danach die Seite gewechselt	-M. glutaeus maximus -M. glutaeus medius -M.glutaeus minimus

Das Dehnprogramm sollte vom Kunden zwei bis dreimal in der Woche durchgeführt werden, da zwei bis drei Dehntrainingseinheiten pro Woche als Minimaldosis bei einem Trainingsanfänger die Beweglichkeit verbessern und bei trainierten Sportlern, die schon eine gute Beweglichkeit haben, die Beweglichkeit sichern (Rancour, Holmes & Cipriani, 2009). Die Übungen werden bei statischer Haltung ca. 45 Sekunden gehalten und bei dynamischer Bewegung werden die Dehnungen zehnmal durchgeführt, da laut einer Untersuchung von Glück (2005) nach zehn maximalen Dehnungen keine weitere nennenswerte Verbesserung der Beweglichkeitsreichweite erreicht wird. Das Programm wird mit drei Sätzen bei einer Intensität an der Dehnschwelle, sprich ab Beginn des Dehnreizes, absolviert und kann nach Belieben des Kunden auch eine höhere Dehnintensität annehmen.

Das Dehnprogramm ist so aufgebaut, dass der Kunde vom Stand aus über den Kniestand und Vierfüßlerstand in die Rückenlage kommt. Da die Person Bewegungsdefizite in der ischiocruralen Muskulatur und in der Brustmuskulatur hat und über Schmerzen in der Lendenwirbelsäule klagt, wurden diese betroffenen Muskelregionen gedehnt. Laut Wydra et al. (1999) stellen die beim dynamischen Dehnen registrierten Dehnungsspannungen keine Gefahr für die Muskulatur da. Deshalb hat der Kunde auch einige dynamische Übungen im Plan, jedoch überwiegen die statischen Dehnübungen, weil die Person noch Trainingsanfänger ist und noch kein gutes Gespür für seine Muskulatur hat. Das Dehnprogramm ist so aufgebaut, dass zu den meisten Muskelgruppen der Antagonist auch gedehnt wird, wie beispielsweise der M. pectoralis major und der M. trapezius. Außerdem versucht der Plan die Muskulatur des Kunden zu bewegen, die für eine aufrechte Haltung verantwortlich ist, wie zum Beispiel der M. trapezius und der M. latissimus dorsi. Dies ist eine der wichtigsten Funktionen des Plans, da der Kunde sehr viel sitzt und dadurch eine Degeneration in diesen Bereichen hat.

4 Trainingsplanung Koordinationstraining

Tabelle 7: Trainingsplanung Koordinationstraining (Gleichgewichtstraining)

Übung	Übungsausführung	Hilfsmittel
Ball kreisen im Einbeinstand	-Person steht im Einbeinstand (Oberschenkel bleiben parallel zueinander) -der Ball wird um den Rumpf herum gereicht -danach werden die Seiten gewechselt	-kleiner Ball
Ausfallschritt mit vorgelehntem Oberkörper bei geschlossenen Augen	-Person steht im Ausfallschritt (beine Fußspitzen zeigen nach vorne) -der Oberkörper wird soweit, wie möglich vorgebeugt, jedoch bleibt der Rücken gerade und die Arme sind maximal vom Körper abgespreizt und halten sich über den Kopf -dabei werden die Augen geschlossen und die Position gehalten	-keine
Zehenspitzenstand auf Balancepad bei geschlossenen Augen	-Person steht beidbeinig auf dem Balancepad und drückt sich mit den Fußspitzen hoch -dabei bleibt der Oberkörper aufrecht und die Augen geschlossen -diese Position wird dann gehalten	-Balancepad
Einbeinstand auf Balancepad	-Person steht im Einbeinstand (Oberschenkel parallel zueinander) auf dem Balancepad, diese Position wird gehalten -danach werden die Seiten gewechselt	-Balancepad
Einbeinstand auf Balancepad (8-er kreisen)	-Person steht im Einbeinstand auf dem Balancepad -dabei macht das „freie" Bein Bewegungen im Achterkreis -danach werden die Seiten gewechselt	-Balancepad

Einbeinstand auf Balancepad (8-er kreisen) mit geschlossenen Augen)	-Person steht im Einbeinstand auf dem Balancepad -dabei macht das „freie" Bein Bewegungen im Achterkreis, während die Augen geschlossen sind -danach werden die Seiten gewechselt	-Balancepad
Einbeinstand auf Balancepad (Ball zuwerfen)	-Person steht im Einbeinstand (Oberschenkel parallel zueinander) auf dem Balancepad -währenddessen wirft ein Partner die ganze Zeit einen Ball zur Person und sie wirft den Ball zurück zum Partner -danach werden die Seiten gewechselt	-Balancepad -kleiner Ball
Beckenheben auf Balancepad	-Person liegt in Rückenlage, währenddessen platziert er die Füße parallel zueinander auf dem Balancepad -danach wird das Becken soweit, wie möglich angehoben und in dieser Position gehalten	-Balancepad
Beckenheben auf Balancepad (einbeinig)	-Person liegt in Rückenlage, währenddessen platziert er die Füße parallel zueinander auf dem Balancepad -daraufhin wird ein Fuß in die Luft gehoben, sodass die Oberschenkel parallel zueinanderstehen, diese Position wird dann gehalten -danach werden die Seiten gewechselt	-Balancepad
Beckenheben auf Balancepad (einbeinig) mit Ball kreisen	-Person liegt in Rückenlage, währenddessen platziert er die Füße parallel zueinander auf dem Balancepad -daraufhin wird ein Fuß in die Luft gehoben, sodass die Oberschenkel parallel zueinanderstehen, diese Position wird dann gehalten -währenddessen wird der kleine Ball um den Rumpf herum gereicht	-Balancepad -kleiner Ball

	-danach werden die Seiten ge- wechselt	

Das Gleichgewichtstraining wird zwei bis dreimal pro Woche durchgeführt. Der Kunde macht zwei Sätze mit einer Belastungsdauer von 45 Sekunden und einer Satzpause von 20 Sekunden. Die Übungen werden barfuß durchgeführt, da der Fuß über zahlreiche Mechanorezeptoren verfügt (Bizzini, 2000) und das eine wichtige Rolle bei der Verbesserung der propriozeptiven Fähigkeiten spielt. Der Aufbau des Trainings ist so konzipiert, dass es von bekannten und leichten Übungen zu unbekannten und schweren Übungen übergeht. Da der Kunde Probleme im Bereich der Lendenwirbelsäule hat, werden vor allem Übungen ausgeführt, die die Beine, den Rumpf und das Becken stabilisieren, wie zum Beispiel der Einbeinstand. Es wird darauf geachtet, dass man auch die Regionen beansprucht, die zurzeit keine Beschwerden verursachen, da lokale Verletzungen auch globale Folgen haben können (Nadler, Malanga et al., 2002). Außerdem versucht man auch die Reaktionsfähigkeit der Person zu verbessern, indem eine Übung eingebaut ist, bei der er einen Ball fangen muss. Der Grund dafür ist, dass die Propriozeption die Gleichgewichtsfähigkeit, sowie die Anpassungs- und Reaktionsfähigkeit umfasst (Häfelinger, Schuba & Häfelinger-Schuba, 2007, S. 21). Zudem werden Übungen, wie das Beckenheben ausgeführt, die zum Gleichgewichtstraining zusätzlich eine Kraftübung ist, die den Rumpfbereich des Kunden stärken soll um die Problematik im Lendenwirbelsäulenbereich positiv zu beeinflussen.

5 Literaturrecherche

Tabelle 8: Literaturrecherche zum Thema: Effekte des Dehntrainings im Hinblick auf eine Verbesserung der sportlichen Leistungsfähigkeit

Fragen	Studie 1	Studie 2
Wer hat die Studien durchgeführt?	Martin Hillebrecht, Oliver Robin, Stephan Böckmann	Thomas Strauß, Georg Wydra
In welchem Jahr wurden die Studien publiziert?	2007	2010
Mit welchen Versuchspersonen wurden die Studien durchgeführt?	-Stichprobe aus 8 Sprinterinnen des niedersächsischen D-Kaders (Alter zwischen 15-17 Jahren) -Körpergröße (zwischen 161-180cm), Gewicht (zwischen 46-63kg), 100-Meter Bestleistung (zwischen 12,4-12,8 Sekunden) -wegen geringer Anzahl an Probanden gab es keine Kontrollgruppe	-63 Handballspieler aus saarländischen Vereinen, 27 davon Spieler aus aktiven Herrenmannschaften mittlerer und hoher saarländischer Ligen, 36 davon aus den männlichen Jugendkadern des saarländischen Handballverbandes -Teilnahme an Studie erfolgte freiwillig
Wie sah der Versuchsaufbau der Studien aus?	-Probandinnen absolvierten ein individuelles Aufwärmprogramm, wie vor den Wettkämpfen gewöhnlich (jedoch ohne statische Dehnung) -Sprinterinnen liefen zwei 50-Meter Läufe (15 Minuten Pause zwischen den Läufen) -in der darauffolgenden 15-minütigen Pause absolvierten die Sprinterinnen ein statisches Dehntraining, danach wurden wieder zwei 50-Meter Läufe durchgeführt -Läufe wurden in einer Halle durchgeführt, so dass keine äußeren Einflüsse einwirken konnten -mithilfe einer Kraftmessplatte mit Kistlerelementen, die in einem Startblock eingebaut war, konnten die Kraft-Zeitverläufe beider Beine gemessen werden -Sprintzeiten wurden mit Doppellichtschranken im 10-Meter	-die Wurfgeschwindigkeit wurde mit Hilfe der SpeedTrac X Radargun der Firma Astro Products gemessen, das Objekt wird an einem festen Ort platziert und misst die Geschwindigkeit anfliegender Objekte mit Hilfe der Doppler-Radar-Technologie -das Messgerät wurde hinter einem Handballtor im Abstand von zwei Metern aufgestellt, der Werfer befand sich sechs Meter vor dem Messgerät, um Messfehler zu minimieren wurde ein Reifen in das Tor gehängt, durch den der Ball geworfen werden muss -die Herren bekamen einen Handball der Größe III und die Jugendspieler einen Ball der Größe II -bei den Experimentalbedingungen wurde ein Dehnprogramm für die oberen Extremitäten ausgeführt (4 Übungen)

	Abstand gemessen, so wurden fünf Teilzeiten erhoben -die Auflösung der Laufzeit erfolgte mithilfe einer Lichtschranke hinter der Startlinie; Erfassung des Startschusses und der Reaktionszeit war aus technischen Gründen nicht möglich -das Dehnprogramm enthielt sechs Übungen für die beinstreckende, beinbeugende, hüftstreckende und hüftbeugende Muskulatur, jede Übung wurde 15 Sekunden bei erträglichem Dehnschmerz statisch gehalten -beim Sprintstart sind vor allem die horizontal aufgebrachten Kräfte von Bedeutung, hier werden die realisierten Kraftmaxima (KMAX), das Kraftanstiegsverhalten (EXK) und die Beschleunigungszeiten (TBESCH) genauer betrachtet -zudem wurden die Kraftstöße und die horizontale Ablaufgeschwindigkeit beim Verlassen des Blocks ermittelt -in die Analyse wurde der Lauf, der von den ersten beiden Läufen die schnellere Zeit aufwies mit eingenommen, der dritte Lauf diente der Beurteilung der Auswirkungen des statischen Dehnens und der vierte Lauf sollte die Frage nach einer Kompensationsmöglichkeit für Sprint 3 geben -die statische Auswertung erfolgte über t-Tests, deren Voraussetzungen geprüft wurden und keine Verstöße gefunden wurden -das Signifikanzniveau betrug 5%, zusätzlich erfolgte eine Berechnung von Effektstärken	-die Dehnübungen wurden so gewählt, dass die wesentliche, am Wurf beteiligte Muskulatur angesprochen wird (Palmarflexoren, horizontale Adduktoren und Ellbogenstrecker) -Probanden warteten unter Kontrollbedingungen nach der ersten Testserie drei Minuten ohne Aktivität -vor jedem Testtermin absolvierten die Teilnehmer ein ca. 5-minütiges standardisiertes Aufwärmprogramm -beim ersten Termin erfolgte eine Gewöhnungseinheit, um die Probanden mit den Abläufen vertraut zu machen -bei den nächsten Terminen wurde das Aufwärmprogramm und der Vortest (3 Würfe) absolviert, danach führten die Teilnehmer der Experimentalbedingung das Dehnprogramm durch und die Teilnehmer der Kontrollbedingung pausierten drei Minuten, bevor der Nachtest (3 Würfe) gemacht wurde -die Durchführung der Experimentalbedingung, bzw. der Kontrollbedingung erfolgte an unterschiedlichen, nicht aufeinanderfolgenden Tagen -die Reihenfolge der Bedingungen wurden für jede Person zufällig bestimmt

| Welche relevanten Ergebnisse und Schlussfolgerungen lieferten die Studien? | -keiner der betrachteten Parameter des Starts veränderte sich vom Vortest zum Nachtest, bzw. vom Nachtest 1 zum Nachtest 2 signifikant

-die t-Tests verfehlten alle das 5-Prozent-Niveau

-es treten jedoch mittlere bis große Effektgrößen auf, die Kontaktzeit des vorderen Beins, der Kraftstoß des hinteren Beins und die horizontale Ablaufgeschwindigkeit beim Verlassen des Blocks erhöhen sich

-in den KMAX-Parametern ist ein konstantes, bzw. leicht abfallendes Verhalten festzustellen

-Ergebnis des Bewegungsverhalten ist, dass der Block später verlassen wird, dies aber mit einer höheren horizontalen Ablaufgeschwindigkeit verbunden ist

-die Sprintleistung verschlechtert sich vom Vortest zum Nachtest um 0,15 Sekunden

-die Effektstärken nehmen mit der Länge der Strecke zu

Erst ab dem Abschnitt von 10-20 Metern treten erste signifikante Differenzen auf, die Leistungsverluste sind eher auf den Abschnitten zu finden, die größere Bewegungsgeschwindigkeiten geben (Verlust von ca. 0,03- 0,04 Sekunden pro Abschnitt)

-eine Kompensation wird durch den Lauf 4 nicht erreicht, es werden auch nur in einzelnen Fällen mittlere Effektstärken gemessen, die Sprintzeit kann zwar wieder gesteigert werden, aber das Ausgangsniveau wird nicht erreicht | -Die Wurfgeschwindigkeit ist im Vergleich zum Vortest kaum verändert, jedoch ist die Wurfgeschwindigkeit bei den Jugendspielern nach dem Dehntreatment verringert

-Bei der Kontrollbedingung erhöht sich die Geschwindigkeit verglichen zum Vortest

-bei den Herren erhöht sich die Wurfgeschwindigkeit nach beiden Bedingungen

-die Herren erhöhen ihr Wurfgeschwindigkeit im Nachtest mehr, als die Jugendspieler

-der Unterschied zwischen beiden Bedingungen ist bei den Herren nicht signifikant

-bei den Jugendspielern erhöht sich die Wurfgeschwindigkeit im Nachtest bei der Kontrollbedingung und bei der Experimentalbedingung nicht, dieses Ergebnis ist aufgrund der Streuung nicht signifikant |

6   Literaturverzeichnis

Bizzini, M. (2000). Sensomotorische Rehabilitation nach Beinverletzungen. Mit Fallbei-
spielen in allen Heilungsstadien. Stuttgart: Thieme.

Gallagher, D., Heymsfield, S. B., Heo, M., Jebb, S. A., Murgatroyd, P. R. & Sakatomo,
Y. (2000). Healthy percentage body fat ranges: an approach for developing guidelines
based on body mass index. American Journal of Clinical Nutrition, 72 (3), 694-701.

Glück, S. (2005). Beeinflussung der Beweglichkeit durch unterschiedliche physische und
psychische Einwirkungen. Dissertation, Universität des Saarlandes. Saarbrücken.

Häfelinger, U., Schuba, V. & Häfelinger-Schuba. (2007). Koordinationstherapie- propri-
ozeptives Training (Wo Sport Spaß mach, 3., überarb. Aufl). Aachen: Meyer & Meyer.

Hillebrecht, M., Robin, O. & Böckmann, S. (2007). Reduzieren sich Sprintleistungen
nach statischem Dehnen?. Zugriff am 16.12.2018. Verfügbar unter
https://www.iat.uni-leipzig.de/datenbanken/iks/open_archive/ls/lsp07_06_12_16.pdf

Janda, V. (2000). Manuelle Muskelfunktionsdiagnostik (4. Aufl). München: Urban & Fi-
scher.

Mancia, G., Fagard, R., Narkiewicz, K., Redon, J., Zanchetti, A., Böhm, A. et al. (2013).
2013 ESH/ESC Guidelines for the management of arterial hypertension. The task force
fort he Management of arterial Hypertension of the European 18/20 Society of Hypertension (ESH) and oft he European Society of Cardiology (ESC). Journal of Hypertension, 31 (7), 1281-1357.

Nadler, S. F., Malanga, G. A., Rubbani, M., Prybicien, M. & Feinberg, J. H. (2002). Hip
muscle imbalance and low back pain in athletes: Influence of core strengthening. Med-
icine and science in sports and exerciese, 34 (1), 9-16.

Rancour, J., Holmes, C. F., Cipriani, D. J. (2009). The effects of intermittent stretching
following a 4-week static stretching protocol: a randomized trial. Journal of strength
and conditioning research / National Strength an Conditioning Association, 23 (8),
2217-2222.

Strauß, T. & Wydra, G. (2010). Untersuchungen zum Einfluss von statischem Dehnen
auf die Wurfgeschwindigkeit im Handball. Zugriff am 16.12.2018. Verfügbar unter
https://www.iat.uni-leipzig.de/datenbanken/iks/open_ar-
chive/ls/LSP10_06_35_39.pdf

World Health Organization: FAO/WHO/UNO. (2000). Obesity: Preventing and manag-
ing the global epidemic. Geneva: Technical Report Series 894.

Wydra, G., Glück, S. & Roemer, K. (1999). Kurzfristige Effekte verschiedener singulärer Muskeldehnungen. Deutsche Zeitschrift für Sportmedizin, 50 (1), 10-16.

7 Tabellenverzeichnis